Universaalin äidillisyyden herääminen

Sri Mata Amritanandamayi

Universaalin Äidillisyyden Herääminen

Sri Mata Amritanandamayin
pitämä puhe
Maailman naispuolisten henkisten ja uskonnollisten johtajien rauhankokouksessa

7 lokakuuta 2002
Palais des Nations, Geneva, Sveitsi

Mata Amritanandamayi Center, San Ramon
Kalifornia, Yhdysvallat

Universaalin äidillisyyden herääminen

Julkaisija:
  Mata Amritanandamayi Center
  P.O. Box 613
  San Ramon, CA 94583
  Yhdysvallat

– *The Awakening of Universal Motherhood (Finnish)* –

Copyright © 2003 Mata Amritanandamayi Mission Trust, Amritapuri, Kerala, 690 546, Intia
Kaikki oikeudet pidätetään. Tämän painotuotteen tai sen osan tallentaminen, siirtäminen, uudelleen tuottaminen, jäljentäminen tai kääntäminen kaikilta osin ja kaikissa muodoissa ilman julkaisijan etukäteen antamaa kirjallista lupaa kielletään.

Ensimmäinen painos MA Centerin: huhtikuu 2016

Yhteystiedot suomessa löytyvät sivuilta: www.amma.fi

Intiassa:
  www.amritapuri.org
  www.embracingtheworld.org
  inform@amritapuri.org

Sisältö

Rukous 6

Universaalin äidillisyyden voima 9

Palkinnon vastaanottopuhe 29

Universaalin äidillisyyden
    herääminen 33

Rukous

ॐ
असतो मा सद्गमय
तमसो मा ज्योतिर्गमय
मृत्योर्मा अमृतं गमय
ॐ शान्तिः शान्तिः शान्तिः

Om
asato mā sadgamaya
tamaso mā jyotirgamaya
mṛtyormā amṛtaṁ gamaya
Om śāntiḥ śāntiḥ śāntiḥ

Om
Johdata meidät harhasta totuuteen,
pimeydestä valoon,
ja kuolemasta kuolemattomuuteen
Om, rauhaa, rauhaa, rauhaa.

Amma ja rauhan liekki

Alkusanat

Universaalin äidillisyyden voima

Swami Amritaswarupananda Puri

Kun maailman kansat ensimmäisen maailmansodan aiheuttamien ristiriitojen ja verenvuodatuksen järkyttäminä liittyivät yhteen, kohosi sen seurauksena rauhan temppeli, "Kansainliitto". Sen päämaja oli Genevessä, Sveitsissä. Aikana, jolloin kansakunnat kilpai-livat näyttääkseen toisilleen kuka oli mahtavin, Kansainliitto oli todellinen edelläkävijä, joka osoitti ihmisille ja hallitseville luokille tien rauhaan. Vaikka toinen maailmansota tekikin lopun Kansainliitosta, maailman kansat kokoontuivat jälleen yhteen. Tämä yhteen-tuleminen johti Yhdistyneiden Kansakuntien perustamiseen.

Lokakuun 6. ja 9.päivän välisenä aikana vuonna 2002 kansakunnat kokoontuivat jälleen Genevessä maailman naipuolisten uskon-nollisten ja hengellisten johtajien kohtaa-misessa, jonka järjesti "Global Peace Initiative for Women religious and Spiritual Leaders" ja "The Millennium World Peace Summit" (Uskonnollisten ja hengellisten naisjohtajien globaalinen rauhanaloite ja Millenium-maailmanrauhankokous). Noin 125 eri maan edustajat osallistuivat aloitteeseen. Päätapahtuma pidettiin Yhdistyneiden Kansakuntien kokoussalissa (Palais des Nations). Lokakuun 6. päivänä oli kaksi pää-tapahtumaa. Ensimmäisenä vuorossa oli rukous maailmanrauhan puolesta, jonka aikana sanoinkuvaamaton, uskonnolliset ja kielelliset rajat ylittävä, tunteiden kuohu ilmeni kaikkien läsnäolijoiden vilpittömänä rukouk-sena maailmanrauhan puolesta.

Noin klo 15.00 Amma saapui Geneven keskustassa sijaitsevan hotelli Beau-Rivagen aulaan.

Naisjohtajien kokoonkutsuja Dena Merriam ja Millenium-kokouksen pääsihteeri Bawa Jain, ottivat Amman vastaan. Amma oli paikalla vain vähän aikaa. Millenium World Peace Summit'in virallinen kanava *Ruder Finn Group* ja amerikkalainen dokumenttiohjelmia tekevä yritys, *One Voice International*, pyysivät Ammalta haastattelua.

Alkusanat

"Jos on olemassa tie maailmanrauhaan, mikä se on?" Tämän kysymyksen esitti *Ruder Finn Group*.

Amma hymyili ja sanoi sitten: "Se on yksinkertaista. Muutoksen tulee tapahtua ensin ihmisen sisällä. Sen jälkeen maailma muuttuu automaattisesti. Rauha tulee vallitsemaan."

Kysymys: "Millaista muutosta tarkoitat?"

Amma: "Hengellisten periaatteiden omaksumisesta aiheutuvaa muutosta."

One Voice International kysyi sen jälkeen Ammalta:

"Mitä voidaan tehdä, jotta yhteiskuntaa ja miesten asennetta saataisiin muutetuksi, kun on kysymyksessä naisten alistaminen?"

"Naisten tulisi ehdottomasti säilyttää luontainen äidillisyytensä", Amma vastasi hänelle luontaiseen tapaansa.

Kysymys: "Tarkoittaako Amma, ettei naisten tulisi uskaltautua muille yhteiskunnan alueille?"

Amma: "Ei, Amma tarkoittaa, että naisten tulisi uskaltaa mennä kaikille yhteis-kunnan alueille, mutta mitä tahansa he tekevätkin, heillä tulisi olla luja luottamus äidillisyyden voimaan. Ilman sitä naiset eivät edisty, vaan tulevat heikommiksi, millä alalla he sitten toimivatkin."

Kysymys: "Mikä on Amman mielipide yleensä miesten asenteesta?"

Amma: "He ovat myös Amman lapsia, mutta vielä nykyisinkin heidän on vaikea sisäistää vaimolleen, äidilleen tai sisarelleen ulospäin osoittamaansa kunnioitusta ja arvostusta. He uskovat yleensä enemmän fyysiseen voimaan."

Amman vastauksen kuultuaan sekä miespuoliset että naispuoliset televisio-työntekijät ja muut paikalla olijat alkoivat nauraa.

Sitten Debra Olsen One Voice Inter-nationalista esitteli naispuolisen palomiehen, joka oli tullut tervehtimään Ammaa New Yorkista, sanoen: "Tässä on Jennifer. Hän on tullut New Yorkista. Hän oli sammuttamassa tulipaloa World Trade Centerissä terroristi-iskun jälkeen. Hän ei ole vieläkään täysin palautunut katastrofin aiheuttamasta shokista. Voisiko Amma siunata hänet?"

Amma ajatteli ehkä niiden tuhansien avuttomien ja viattomien ihmisten ahdinkoa, jotka paloivat kuoliaaksi tuona päivänä, koska hänen kasvonsa ja silmänsä heijastivat selvästikin surua. Amman halatessa lämpimästi Jenniferia ja kuivatessa hänen kyyneleitään myös hänen silmistään valui kyyneleitä. Kyyneleet tulivat

Alkusanat

myös niiden ihmisten silmiin, jotka näkivät tämän koskettavan tapauksen. Jennifer oli tuonut pienen kiven ja murskautuneen avaimen World Trade Centerin tontilta, joka tunnetaan nykyisin nimellä Ground Zero. Näyttäessään niitä Ammalle hän sanoi: "En tiedä, miksi otin nämä mukaani. Olen varmaan intuitiivisesti odottanut tätä harvinaislaatuista tapaamista, vaikka en tiennytkään sitä. Niiden ihmisten ahdinko, jotka menettivät elämänsä, sisältyy näihin esineisiin." Näin sanottuaan hän antoi kiven ja avaimen Ammalle. Amma otti ne kunnioittavasti vastaan, vei ne kasvojaan vasten ja suuteli niitä. Jenniferin kasvot kirkastuivat. Näytti siltä, että hän koki sanoin-kuvaamatonta rauhaa. "Jennifer ei usko Jumalaan eikä mihinkään uskontoon, mutta hänen sydämessään on rakkautta ja myötä-tuntoa kärsiviä kohtaa. Tarvitseeko hänen rukoilla jotain Jumalaa"? Debra Olsen kysyi Ammalta. Amma vastasi: "Jumala on rakastava ja myötätuntoinen kärsiviä kohtaan. Jos jollakulla on sellainen sydän, ei Jumalaa tarvita," vastasi Amma. Paljon muitakin kysymyksiä esitettiin, joihin Amman vastaukset virtasivat kauniin yksinkertaisesti.

Universaalin äidillisyyden herääminen

Kun haastattelu oli ohi, kuuluisa Hollywood-näyttelijätär Linda Evans tuli tapaamaan Ammaa. Hän oli äärettömän iloinen tavatessaan Amman. "Olen kuullut niin paljon sinusta, mutta vasta nyt minulle tarjoutui tilai-suus tavata sinut. Mikä siunaus!" sanoi Linda.

Halaten häntä lämpimästi ja hyväillen häntä Amma sanoi: "Sekä todellisessa elämässä, että elokuvien tekemisessä on oltava yhtä lailla valpas."

"Siihen minä pyrinkin, mutta tarvitsen Amman siunauksen," vastasi Linda.

Linda katseli Ammaa jonkun aikaa ja kysyi sitten: "Mikä on jumalallisen äidillisyyden tarkoitus?"

Amma: "Se on mielen asenne, sen laajentuminen."

Linda: "Kuinka voimme saavuttaa sen?"

Amma: "Se ei ole meistä erillinen, eikä se ole jotain mikä löytyy ulkopuolelta. Se voima on sisällämme. Kun oivallat sen, universaalinen äidillisyys herää sinussa spontaanisti."

Tässä vaiheessa maailmankuulu primatologi, Tri. Jane Goodall, saapui myös tapaamaan Ammaa. Läsnä olivat myös Bawa Jain, Dena Merriam, kamputsealainen prinsessa Ratna Devi

Alkusanat

Noordam, sekä kokouksen varapuheenjohtaja, pastori Joan Campbell. Amma antoi darshanin kaikille neljälle. Vaikka Tri. Goodall sai monta halausta vaikutti siltä, että hän ei kerta-kaikkiaan saanut tarpeekseen. Hän sanoi: "Olet niin suloinen, sanoinkuvaamattoman suloinen." Hetken päästä hän lisäsi: "Vailla vertaa myös."

Tri. Goodall, joka on viettänyt 20 vuotta Afrikan viidakoissa eläimiä, erityisesti simpans-seja tutkimassa yrittäen ymmärtää heidän mieltään kysyi sitten Ammalta: "Mitä mieltä olet eläimistä? Kykenevätkö he ymmärtämään ihmisten sydäntä ja vastaamaan heille?"

Amma: "Eläimet voivat aivan varmasti ymmärtää ihmisten sydäntä ja toimia sen mukaisesti, ehkä jopa paremmin kuin ihmiset. Amma on kokenut tämän henkilökohtaisesti."

Amma kertoi sitten Tri. Goodallille omista kokemuksistaan, niistä vuosista, jotka hän vietti luonnossa eläinten kanssa. Amma kertoi koirasta, joka toi hänelle ruokapaketteja ja kotkasta, joka pudotti raakaa kalaa hänen syliinsä. Hän kertoi lehmästä, joka oli lähtenyt navetasta ja tullut hänen luokseen asettuen hänen eteensä niin, että hän saattoi juoda maitoa suoraan sen utareista. Hän kertoi myös papukaijasta, joka oli vuodattanut kyyneleitään hänen laulaessaan surun täyttämällä kaipauksella bhajaneita (hengellisiä lauluja) ja kyyhkysistä, jotka tanssivat hänen edessään hänen laulaessaan.

Sitten olikin aika lähteä konferenssisaliin. Vasta kun Amman rukous ja shanti- (rauha) mantrojen resitointi oli päättynyt, lähtivät valtuutetut ja muut osanottajat Geneven keskustassa sijaitsevaan Jardin Anglais - puis-toon, jossa oli määrä pitää sen päivän päätös-seremonia. Amma otettiin lämpimästi vastaan. Hän johti sitten rukouksen maailmanrauhan puolesta, resitoiden Lokah Samastah Sukhino Bhavantu-mantran kolme kertaa. Kaikki toisti-vat mantraa Amman perässä. Ennen kuin rau-hanmantran värähtelyt häipyivät, Amma ohjasi 10 minuutin Ma-Om – meditaation. Amman päättäessä meditaation Shankaracharyan säveltämällä Nirvanashtakamilla, monien maiden valtuutetut tunsivat voiman ja rauhan värähtelyjen siunauksen sisällään.

Amma oli ensimmäinen puhuja Jardin Anglais- puistossa. Rauhanviestissään hän sanoi: "Kaikki tarvitsevat rauhaa. Suurin osa ihmisistä haluaa kuitenkin kuninkaaksi, kukaan ei halua olla palvelija. Kuinka silloin voi olla rauhaa? Eikö

Alkusanat

siitä seuraa vain sotia ja konflikteja? Todellinen palvelija on todellinen kuningas. Eikö sekä mustan lehmän, valkoisen lehmän että ruskean lehmän maito ole valkoista? Samoin jokaisen ihmisen ydin on sama. Rauha ja onnellisuus ovat kaikille samoja. Niiden, jotka toivovat rauhaa ja onnea, tulisi työskennellä yhdessä."

Seremonian lopussa kaikki valtuutetut huusivat yhteen ääneen: "Emme halua sotaa, emme halua rikoksia, haluamme vain rauhaa." Osoituksena rauhan valosta, joka poistaa sotien ja konfliktien pimeyden, valtuutetut sytyttivät kynttilöitä ja nostivat ne päänsä yläpuolelle. Sitten paikalle kokoontuneet ihmiset kävivät muodostelmaan, josta muodostui sana RAUHA.

Lokakuun 7. päivänä, konferenssin pääistuntopäivänä Amma saapui kokous-paikalle klo 9:ään mennessä. Bawa Jain ja Dena Merriam olivat paikalla vastaan-ottamassa häntä. Sali oli täpötäynnä eri uskontoja edustavia henkisiä johtajia. Yksi toisensa jälkeen puhui naisten vapaudesta ja naisten kohtaamista sosiaalisista ongelmista. Rajoituksia, ratkaisuja ja neuvoja esitettiin kaunopuheisesti ja analysoitiin kiitettävän kypsästi ilman tarpeetonta kritiikkiä tai itsekes-keisyyden sävyä.

Universaalin äidillisyyden herääminen

Äiti ja hänen äidillisyytensä eivät ole kaksi eri asiaa, vaan yksi ja sama. Se tuli todistettua kauniilla tavalla ja jäi väreilemään ilmapiiriin. Konferenssin järjestäjien nöyryys ja kellontarkka täsmällisyys, jolla päivän ohjelmat pidettiin, ovat mainitsemisen arvoisia.

Kello 11.00 oli kokoontuminen "Naiset ja heidän osuutensa maailman rauhassa" teeman ympärillä, johon osallistui naispuolisia asiantuntijoita, uskonnollisia ja hengellisiä johtajia Filippiineiltä, Thaimaasta, Israelista, Kiinasta, Afganistanista ja Ruandasta. Sen jälkeen Susan Deihim Iranista ilmaisi laulullaan globaalista rauhan tahtoa.

Kello 11.20 esiintymiskorokkeelle astui Dena Merriam. Yleisöä katsoen hän sanoi hymyillen: "Seuraavaksi ohjelmassa on tämän tapahtuman tärkein seremonia Esittelemme vuoden Gandhi-King -rauhanpalkinnon saajan. Kutsun kunnioittavasti lavalle Sri Mata Amritanandamayi Devin vastaanottamaan palkinnon." Amman kävellessä lavaa kohti hänelle ominaiseen nöyrään ja vaatimat-tomaan tapaansa, kädet rinnalla rukousasennossa, kaikki YK:n kokoushallissa olevat valtuutetut ja henkiset

Alkusanat

johtajat nousivat seisomaan ja osoittivat voimakkaasti suosiotaan käsiä taputtaen. Yhdistyneiden Kansakuntien ihmisoikeuksien komissaari, kunnianarvoinen Sergio Vieira de Mello tervehti Ammaa ja saattoi hänet lavalle. Bawa Jain esitteli hänet Ammalle.

Amma halasi häntä tavanomaiseen tapaansa lämpimästi ja suuteli hänen kättään. De Mello vastasi siihen suutelemalla Amman molempia käsiä hellästi.

Bawa Jain puhui sitten muutaman minuutin ajan muistuttaen mieliin edelliset Gandhi-King - palkinnon saajat: Kofi Annan (1999), Nelson Mandela (2000) ja Jane Goodall (2001). Hän kutsui sitten Tri. Goodallin esittelemään Amman kokousväelle ja ojentamaan hänelle palkinnon.

"On suuri kunnia saada jakaa näyttämö tämän niin huomattavan naisen kanssa, joka on itse hyvyyden ruumiillistuma. Yli 30 vuoden aikana Amma on halannut 21 miljoonaa ihmistä äidillisen lämpimästi välittämättä rodullisista, uskonnollisista tai ihonväriin liittyvistä eroavaisuuksista tarkoituksenaan kohottaa heitä henkisesti. Hän on lohduttanut ihanalla halauksellaan, jonka minäkin koin eilen, yli

Universaalin äidillisyyden herääminen

21miljoonaa ihmistä - ajatelkaa - kaksikymmentäyksimiljoonaa!" (Aploodeja)

Amma, joka on levittänyt rauhanviestiä ja onnellisuutta työskennellen lakkaamatta jakaen puhdasta rakkautta ihmisten sydämiin, on myös vertaansa vailla sosiaalisen palvelun kentällä. Lista hänen myötätuntoaan osoittavista teoista on pidempi kuin voin luetella. Amma on jumalallisen rakkauden ilmentymä." Tri. Goodall lopetti puheensa suosionosoitusten kaikuessa, eikä niistä tuntunut tulevan loppua.

Seuraavaksi oli vuorossa palkintojenjakoseremonia. Tri. Goodallin ojentaessa vuoden 2002 Gandhi-King – palkinnon Ammalle Yhdistyneiden Kansakuntien kokoushallissa oli suosionosoitusten myrsky valtava yleisön osoittaessa kauan suosiota seisaaltaan. Bawa Jain kutsui sitten Amman puhumaan aiheesta "Äidillisyyden voima".

Amma aloitti puheensa antaen tunnustusta Mahatma Gandhille ja Martin Luther King Jr:lle. Amma oli sitä mieltä, että heidän suuren menestyksensä takana oli kansan tuki ja sydämen puhtaus. Amma sanoi myös, että palkinto kuuluu kaikille niille, jotka työskentelevät maailmanrauhan ja tyyty-väisyyden puolesta ja hän

Alkusanat

hyväksyi sen heidän nimissään. Amma rukoili myös, että ne jotka työskentelevät maailmanrauhan puolesta saisivat tästä enemmän voimaa ja rohkeutta.

Amma muistutti läsnäolijoita, että "Gandhiji uneksi väkivallattomasta maail-masta. Maailma ilman rotuerottelua oli Martin Luther Kingin unelma. Koska nämä unelmat eivät ole vielä toteutuneet, Amma tarjoaa teille oman tulevaisuuden näkymänsä. Hän näkee tulevaisuuden yhteiskunnan, jossa miehillä ja naisilla on tasa-arvoinen asema yhteiskunnassa. Miehet ja naiset ovat kuin linnun kaksi siipeä. Vain silloin yhteiskunta voi kehittyä ja saavuttaa yhtenäisyyden."

Hän jatkoi: "Naiset ja miehet ovat tasa-arvoisia Amman silmissä. Amma haluaa ilmaista mielipiteensä suoraan tästä tärkeästä aiheesta. Nämä havainnot eivät välttämättä pidä paikkaansa kaikkien kohdalla, mutta enemmistön kohdalla kylläkin. Tällä hetkellä useimmat naiset ovat unessa. Naisten on herättävä ja ryhdyttävä toimimaan. Se on aikakautemme suurin tarve."

Seuraavan 20 minuutin ajan Amma puhui perustotuuksia ja hänen puheensa soljui vuolaasti kuin Ganges-joki. Hän käsitteli mm. seuraavia aiheita: naisen sisäinen ja ulkoinen olemus, syvällisyys, hänen mielensä laajuus ja rajoitukset, naisen mielen heikkoudet ja alueet, joilla hänen on oltava varovainen ja naisen sisällä oleva ääretön uinuva voima. Amman puhuessa näistä aiheista kunnioitusta herättävän selkeästi ja näkemyksellisesti yleisö kuunteli meditatiivisessa hiljaisuudessa. Tuolla hetkellä Amman sanojen voima ja hänen universaalisen äidillisyytensä läsnäolo olivat selkeästi havaittavissa.

"Äidilliset ominaisuudet eivät ole rajoittuneet naisiin, jotka ovat synnyttäneet. Äidillisyys on sekä miehissä että naisissa oleva synnynnäinen ominaisuus. Se on mielen asenne. Se on rakkautta ja se rakkaus on itse elämän henkäys. Kukaan ei sanoisi: 'Hengitän vain kun olen perheeni ja ystävieni parissa. En hengitä vihollisteni edessä.' Samoin niille, joiden äidillisyys on herännyt, rakkaus ja myötätunto kaikkia kohtaan kuuluvat yhtä paljon heidän elämäänsä kuin hengittäminen."

"Tuleva aikakausi tulisi omistaa universaalisen äidillisyyden herättämiselle. Naisten tulisi kaikkialla herättää äidillisyyden ominaisuudet itsessään. Se on ainoa tapa toteuttaa rauhan ja

Alkusanat

harmonian unelmamme." Amman lopetettua puheensa yleisö nousi spontaanisti ylös ja osoitti raikuvasti suosiotaan.

Kun kokous oli ohi, monet osallistujat ryntäsivät tämän 150 senttisen suuren ihmeen, Amman luo, katsomaan häntä, tapaamaan häntä ja saamaan hänen darshaninsa. Myös toisessa paikassa oli hurja ryntäys. Ihmiset halusivat saada kopion Amman puheesta.

Tämän kaiken keskellä Bawa Jain tuli hakemaan Ammaa ryhmäkuvaan toisten valtuutettujen kanssa. Minne tahansa Amma menikin ihmiset seurasivat häntä kuin mehi-läiset kuningatarmehiläistä. Bawa Jainin oli vaikea tavoittaa Amma hänen ympärillään tungeksivan väkijoukon vuoksi. Lopulta hän sanoi Amman ympärillä oleville: "Hei, hän on myös minun äitini. Antakaa minullekin tilaisuus!" Sen jälkeen Amma lähti kokoushallista ja meni ulos pastori Joan Campbellin, Tri. Goodallin, Kamputsean prinsessan, Bawa Jainin ja Dena Merriamin saattamana. Hallin edustalla olevalla verannalla kokouksen toinen puheenjohtaja, pakistanista kotoisin oleva islamilainen tutkija Tri. Saloha Mahmud Abdin oli odottelemassa Ammaa. Heti kun Tri. Saloha näki Amman, hän meni tämän luokse ja tervehti häntä. Amma halasi häntä hyvin lämpimästi. Salohan seisoessa lepuuttaessa päätään Amman olkapäillä hän sanoi pehmeästi: "On suuri siunaus, että olet täällä kanssamme tänään."

Valokuvien oton jälkeen kristillinen radioyhtiö pyysi Ammalta haastattelua.

Kysymys: Amma ottaa ihmisiä vastaan halaamalla heitä. Voiko tämä halaus auttaa heitä saamaan rauhan?

Amma: "Se ei ole pelkkä tavallinen halaus vaan halaus, joka herättää henkisen tietoisuuden. Olemuksemme on rakkautta. Mehän elämme rakkauden vuoksi, eikö totta? Siellä missä on rakkautta, ei ole konflikteja. Siellä on yksinomaan rauhaa."

Kysymys: Ammalla on seuraajia kaikkialla maailmassa. Palvovatko he kaikki sinua?

Amma: "Amma palvoo heitä. Kaikki he ovat minun Jumalani. Ammalla ei ole Jumalaa, joka istuu pilvien yläpuolella. Minun Jumalani olette te kaikki ja kaikki minkä voi nähdä. Amma rakastaa kaikkia ja kaikkea ja he rakastavat Ammaa yhtä paljon. Rakkaus virtaa molempiin suuntiin. Silloin ei ole kaksinaisuutta, on vain ykseyttä, puhdasta rakkautta."

Alkusanat

Todellakin, siinä on tämän suuren ihmeen salaisuus; ihmeen, joka vetää puoleensa koko maailmaa. Rakkauden virta, Gangesin lakkaamaton suloinen virta, sanoin kuvaile-mattoman äidillisyyden voimakas virta.

Maailmanlaajuinen naispuolisten uskonnollisten ja henkisten johtajien rauhankonferenssi

*Palais des Nations, Genève.
7. lokakuuta 2002*

Tämä palkinto on perustettu kahden suuren henkilön – Mahatma Gandhin ja pastori Martin Luther Kingin rakkaaksi muistoksi. Amman rukous tässä tilaisuudessa on, että kaikki ihmiset, jotka rukoilevat ja työskentelevät rauhan puolesta kaikkialla maailmassa saisivat lisää voimaa ja innostusta ja että yhä useammat ihmiset työskentelisivät maailman-rauhan hyväksi. Amma ottaa tämän palkinnon vastaan heidän puolestaan. Amman elämä on uhrattu maailmalle, sen vuoksi hän ei esitä mitään vaatimuksia.
— *Amma*

Palkinnon vastaanottopuhe

Puhe, jonka Amma piti ottaessaan vastaan Gandhi-King palkinnon väkivallattomuudesta.

Amma kumartuu teidän kaikkien edessä, jotka olette todella korkeim-man rakkauden ja puhtaan tietoisuuden ilmentymiä.

Tämä palkinto on perustettu kahden suuren henkilön – Mahatma Gandhin ja pastori Martin Luther Kingin rakkaaksi muistoksi. Amman rukous tässä tilaisuudessa on, että kaikki ihmiset, jotka rukoilevat ja työskentelevät rauhan puolesta kaikkialla maailmassa saisivat lisää voimaa ja innostusta ja että yhä useammat ihmiset työskentelisivät maailmanrauhan hy-väksi. Amma ottaa tämän palkinnon vastaan heidän puolestaan. Amman elämä on uhrattu maailmalle, sen vuoksi hän ei esitä mitään vaatimuksia.

Sekä Mahatma Gandhi että pastori Martin Luther King uneksivat maailmasta, jossa kaikki ihmiset hyväksyttäisiin ja heitä rakastettaisiin ilman minkäänlaisia ennakkoluuloja. Heitä muistaen Amma esittää myös teille oman tulevaisuuden näkymänsä.

Universaalin äidillisyyden herääminen

Ammalla on myös unelma. Se on näky maailmasta, jossa naiset ja miehet etenevät yhdessä, maailma, jossa kaikki ihmiset kun-nioittavat sitä tosiasiaa, että samoin kuin linnun kaksi siipeä, naiset ja miehet ovat saman-arvoisia. Elleivät molemmat ole täydellisessä tasapainossa, ihmiskunta ei voi edetä.

Martin Luther King oli rohkea kuin leijona, mutta sydämessään hän oli pehmeä kuin kukka. Hän vaaransi elämänsä rakkauden, tasa-arvon ja muiden puolustamiensa jalojen ihanteiden vuoksi. Hänen oli taisteltava hillittö-mättömästi oman maansa ihmisiä vastaan. Mahatma Gand-

Sri Mata Amritanandamayin pitämä puhe

hikaan ei vain saarnannut. Hän pani sanansa käytäntöön. Hän omisti koko elä-mänsä rauhan ja väkivallattomuuden ihan-teille. Vaikka hän olisi voinut olla Intian päämi-nisteri tai presidentti, hän kieltäytyi, koska hän ei halunnut mainetta eikä valtaa. Itse asiassa, keskiyöllä kun Intia julistettiin itsenäiseksi, Gandhi oli mellakointialueella lohduttamassa uhreja.

On helppo herättää nukkuva henkilö. Kun-han ravistelet häntä pari kertaa. Sen sijaan henkilöä, joka teeskentelee nukkuvansa saat ravistella sata kertaa, eikä sillä ole mitään vaikutusta. Suurin osa ihmisistä kuuluu jälkimmäiseen ryhmään. On korkea aika, että me kaikki todella heräämme. Ellei ihminen voita alhaisia, eläimellisiä taipumuksiaan, ei unelmamme ihmiskunnan tulevaisuuden näky-mästä toteudu ja rauha jää vain kaukaiseksi unelmaksi.

Antakoon meille henkiset harjoitukset rohkeutta ja kestävyyttä, jotta voisimme toteuttaa tämän unelmamme. Sen tähden meidän tulisi löytää sisällämme oleva usko, rakkaus, kärsivällisyys ja kaikkien hyväksi suunnattu uhrautuvaisuus ja tuoda ne esiin. Sitä Amma kutsuu oikeaksi äidillisyydeksi.

Universaalin äidillisyyden herääminen

Sri Mata Amritanandamayin
pitämä puhe maailman naispuolisten henkisten ja uskonnollisten johtajien rauhankokouksessa, 7. lokakuuta 2002, Palais des Nations, Geneve.

Amma kumartuu teidän kaikkien edessä, jotka olette todellisuudessa kor-keimman tietoisuuden ja rakkauden ilmentymiä.

Naiset ja miehet ovat Amman silmissä tasa-arvoisia. Amma haluaa sanoa mielipiteensä avoimesti tässä asiassa. Nämä mielipiteet eivät välttämättä päde kaikkien kohdalla, mutta enemmistön kohdalla kylläkin.

Tällä hetkellä suurin osa naisista nukkuu. Naisten on herättävä ja ryhdyttävä toimimaan! Tämä on yksi aikakautemme suurimpia tarpeita. Ei ole kysymys vain kehitysmaissa elävistä naisista, asia koskee maailman kaikkia naisia. Maissa, joissa materialismi vallitsee, naisten tu-

Universaalin äidillisyyden herääminen

lisi herätä henkisyyteen[1] ja maissa, joissa heidät pakotetaan elämään uskonnollisten perinteiden ahtaissa raameissa, heidän tulisi ryhtyä ajattelemaan nykyaikaisesti. Yleisesti uskotaan, että erilaisissa kulttuureissa elävät naiset valveutuvat koulutuksen ja materiaalisen kehityksen avulla. Olemme kuitenkin ajan myötä oppineet, että tämä näkemys on liian rajoittunut. Vasta silloin kun naiset ovat sisäistäneet henkisyyden ikuisen viisauden ja yhdistäneetsen nykyaikaiseen koulutukseen, nykyaikasen koulutuksen rinnalla, heidän sisällään oleva voima herää ja he ryhtyvät toimimaan.

Kenen tulisi herättää naiset? Mikä estää naista heräämästä? Itse asiassa mikään ulkopuolinen voima ei voi estää naista tai hänen synnynnäisiä äidillisiä ominaisuuksiaan, kuten rakkautta, myötätuntoa ja kärsivällisyyttä. Vain

---

[1] Henkisyys, johon Amma tässä viittaa, ei ole jossain pilvien yläpuolella istuvan Jumalan palvomista. Todellinen henkisyys on itsemme ja sisällämme olevan äärettömän voiman oivallusta. Henkisyys ja elämä eivät ole kaksi erillistä asiaa; ne ovat yksi ja sama.. Todellinen henkisyys opettaa meille, kuinka maailmassa eletään. Tiede näyttää meille kuinka ulkoiset tilat ilmastoidaan, kun taas henkisyys opettaa, kuinka voimme ilmastoida sisäisen maailmamme.

Sri Mata Amritanandamayin pitämä puhe

hänen -hänen itsensä- on itse herätettävä itsensä. Ainoana esteenä on hänen oma mielensä. Naisia halventavat säännöt ja taikauskoiset uskomukset ovat edelleen voimassa useimmissa maissa. Miesten kauan sitten keksimät primitiiviset tavat käyttää naisia hyväkseen ja alistaa heitä ovat säilyneet tähän päivään saakka. Naiset ja heidän ajat-telutapansa ovat takertuneet näiden tapojen verkkoon. Heidän oma mielensä on hypnotisoinut heidät. Heidän on autettava itse itseään päästäkseen irti tästä magneettikentästä. Muuta keinoa ei ole.

Katsokaa elefanttia. Se voi repiä kärsällään maasta valtavia puita. Kun ihminen ottaa elefantin poikasen kasvatettavakseen, hänen on sidottava se puuhun vahvalla narulla tai ketjulla.Poikasena vangittu elefantti sidotaan puuhun vahvalla narulla tai ketjulla. Elefanttien luontoon kuuluu kuitenkin vaellella vapaana. Sen vuoksi poikanen yrittää vaistomaisesti repiä köyttä irti kaikin voimin. Se ei ole kuitenkaan tarpeeksi vahva irrot-tamaan sitä. Tajutessaan ponnistustensa hyödyttömyyden se luopuu lopulta yrityksistään ja lakkaa ponnistelemasta. Myöhemmin elefantin kasvettua täyteen mittaansa se voidaan sitoa pieneen puuhun ohuella köydellä. Sen olisi helppo irrottaa itsensä kiskaisemalla puu irti juurineen tai katkaista köysi, mutta se ei yritäkään vapautua, koska sen mieli on ehdollistettu aikaisempiin kokemuksiin.

Näin on käymässä myös naisille.

Yhteiskunta ei salli naisten voiman vapautuvan. Olemme luoneet sulun, joka estää tämän suuren voiman ulos virtaamisen.

Miehissä ja naisissa oleva myötäsyntyinen, ääretön, potentiaalinen voima on sama. Jos naiset todella haluavat, heidän ei ole vaikea murtaa heitä kahlitsevia yhteiskunnan asettamia sääntöjä ja ehtoja. Naisten suurin voima on heidän luontaisessa äidillisyy-dessään, luovuudessaan ja elämää antavassa voimassaan. Tämä voima voi auttaa naisia saamaan yhteiskunnassa aikaan paljon merkittävämmän muutoksen kuin mihin miehet koskaan pystyisivät.

Vanhentuneet, muinoin syntyneet, kehitystä hidastavat näkemykset estävät naisten pääsyn henkisiin korkeuksiin. Nämä varjot vaivaavat yhä naisia luoden heissä pelkoa ja epäluottamusta.

Naisten tulisi vapautua näistä tunteista, ne ovat harhaa. Rajoitukset, joita naiset luulevat itsellään olevan, eivät ole todellisia. Heidän on koottava voimansa näiden kuviteltujen rajoitusten voittamiseksi. Heillä on jo tämä voima; se on jo olemassa! Kun se on saatu esiin, ei kukaan voi pysäyttää naisten voittokulkua elämän kaikilla alueilla.

Miehet uskovat yleensä lihasvoimaan. Pintatasolla he pitävät naisia äiteinään, vaimoinaan ja sisarinaan. Ei ole kuitenkaan mitään syytä kätkeä sitä tosiasiaa, että syvemmällä tasolla miehissä on paljon vastustusta, kun on kysymyksessä naisten ja elämän feminiinisen aspektin todellinen ymmärtäminen ja hyväksyminen.

Amma muistaa erään tarinan. Eräässä kylässä asui syvästi hengellinen nainen, joka oli suunnattoman onnellinen saadessaan palvella muita. Kylän uskonnolliset johtajat valitsivat hänet papiksi miespuolisten pappien joukkoon. Hän oli ensimmäinen virallisesti nimitetty naispuolinen pappi tällä alueella, eivätkä miespapit pitäneet siitä lainkaan. Kyläläiset arvostivat hänen suurta myötätuntoaan, nöyryyttään ja viisauttaan. Tämä synnytti kateutta miespappien keskuudessa.

Eräänä päivänä papit oli kutsuttu uskonnolliseen kokoukseen saarelle, joka oli kolmen tunnin venematkan päässä. Miespap-pien astuessa veneeseen he huomasivat kauhukseen, että naispappi istui jo siellä. He alkoivat mumista keskenään: "Voi harmi, hän ei näytä jättävän meitä rauhaan!" Vene lähti matkaan. Tuntia myöhemmin moottori yhtäkkiä sammui ja vene pysähtyi. Kapteeni huudahti: "Voi ei, joudumme jäämään tähän, unohdin täyttää tankin." Kukaan ei tiennyt, mitä pitäisi tehdä. Näkyvissä ei ollut ainuttakaan venettä. Silloin naispappi nousi seisomaan ja sanoi: "Älkää olko huolissanne, veljeni. Menen noutamaan lisää polttoainetta." Sen sanottuaan hän astui veneen laidan yli ja alkoi kävellä vettä pitkin. Miespapit katsoivat hyvin hämmästyneinä, mutta huomauttivat nopeasti: "Katsokaa nyt häntä! Hän ei osaa edes uida!"

Miesten asenne on yleensä tällainen. Heidän luonteeseensa kuuluu vähätellä ja tuomita naisten saavutuksia. Naisia ei ole kuitenkaan tarkoitettu miesten hallittavissa oleviksi objekteiksi tai koriste-esineiksi. Miehet kohtelevat naisia kuin ruukkukasveja ja tekevät heidän kasvunsa täyteen kapasiteettiin mahdottomaksi.

Naisia ei ole luotu miesten nautintojen kohteeksi. Heitä ei ole tehty emännöimään teekutsuja. Miehet käyttävät naisia kuin kasettinauhureita, joita haluavat kontrolloida omien oikkujensa ja toiveidensa mukaan, ikään kuin painaisivat "play" ja "pause" – nappuloita.

Miehet katsovat olevansa naisten yläpuolella sekä fyysisesti että älyllisesti. Heidän vääristyneestä asenteestaan johtuva ylimielisyys – se että naiset eivät tule toimeen yhteiskunnassa, elleivät he ole miehistä riippuvaisia – on ilmeistä kaikessa mitä he tekevät.

Jos naisen luonnetta pidetään turmeltuneena, vaikka hän olisikin viaton uhri, yhteiskunta ja usein jopa oma perhe hylkäävät hänet. Sitä vastoin mies voi olla niin moraaliton kuin haluaa, eikä häntä kukaan tuomitse. Hänet asetetaan harvoin kyseenalaiseksi.

Jopa materiaalisesti kehittyneissä maissa naiset työnnetään syrjään, kun on kysymys poliittisen vallan jakamisesta miesten kanssa. On mielenkiintoista nähdä, että kehittyneisiin maihin verrattuna kehitysmaat ovat paljon pidemmällä antaessaan naisille mahdolli-suuksia poliittiseen nousuun. Silti muutamaa harvaa poikkeusta lukuun ottamatta - jotka voidaan laskea yhden käden sormilla - kuinka monta naista nähdään maailman poliittisella areenalla?

Johtuuko se siitä, että naiset ovat kykenemättömiä vai onko syynä miesten ylimielisyys? Oikeat olosuhteet ja muiden ihmisten tuki auttavat varmasti naisia heräämään ja toimimaan. Se ei kuitenkaan yksin riitä. Heidän on etsittävä innostusta noista olosuhteista löytääkseen voimaa sisältään. Todellinen voima ja vahvuus eivät tule ulkopuolelta, ne ovat löydettävissä sisältä.

Naisten on löydettävä rohkeutensa. Rohkeus on mielen, ei kehon ominaisuus. Naisilla on voimaa taistella niitä sosiaalisia sääntöjä vastaan, jotka estävät heidän kehityksensä. Tämä on Amman oma kokemus. Vaikka Intiassa on tapahtunut monia muutoksia, miesten ylemmyys on edelleenkin sääntö. Vielä nykyisinkin naisia käytetään hyväksi uskonnollisten tapojen ja perinteiden nimissä. Kuitenkin myös Intiassa naiset ovat heräämässä ja ryhtymässä toimintaan. Viime aikoihin saakka naisten ei sallittu palvelevan temppelin pyhimmässä osassa, eikä heillä ollut oikeutta vihkiä temppeleitä tai suorittaa veedisiä rituaaleja. Naiset eivät saaneet edes resitoida veedisiä mantroja. Amma sitä vastoin rohkaisee naisia nimittämällä heitä näihin tehtäviin. Amma suorittaa itse vihkimis-seremonian kai-

Sri Mata Amritanandamayin pitämä puhe

kissa ashramimme raken-tamissa temppeleissä. Monet olivat tätä muutosta vastaan, koska vain miehet olivat useiden sukupolvien ajan suorittaneet näitä seremonioita ja rituaaleja. Niille, jotka pitivät toimiamme kyseenalaisina, Amma selitti, että palvelemme Jumalaa, joka on kaikkien eroavaisuuksien tuolla puolen, eikä hän tee eroa miehen ja naisen välillä. On osoit-tautunut, että suurin osa ihmisistä tukee tätä vallankumouksellista muutosta. Naisia vastaan suunnatut kiellot eivät todella ole koskaan kuuluneet muinaiseen hinduperinteeseen. Kaiken todennäköisyyden mukaan ylempään sosiaaliluokkaan kuuluvat miehet ovat keksineet ne myöhemmin voidakseen sortaa ja käyttää naisia hyväkseen. Muinaisessa Intiassa niitä ei ollut.

Muinaisessa Intiassa aviomiehet käyttivät seuraavia sanskritinkielisiä sanoja puhutel-lessaan vaimojaan: *Pathni*, se joka ohjaa aviomiestään elämän matkalla, *Dharma-pathni*, se joka ohjaa aviomiestään dharman (oikeamielisyyden ja vastuun) polulla ja *Sahadharmacharini*, se joka kulkee yhdessä aviomiehensä kanssa dharman polulla. Näistä termeistä käy ilmi, että naisilla oli sama status kuin miehillä, ehkä jopa korkeampi. Avioelämää pidettiin pyhänä, sillä jos se elettiin oikealla asenteella ja oikealla ymmärryksellä aviomiehen ja vaimon tukiessa toisiaan, se johdatti heidät elämän korkeimpaan päämäärään, Itsen oivaltamiseen eli Jumalan oivaltamiseen.

Korkeinta Voimaa ei Intiassa ole koskaan palvottu yksinomaan maskuliinisessa muodossa. Sitä palvotaan myös Jumalattarena, jolla on monta erilaista muotoa: *Saraswati*, viisauden ja oppimisen Jumalatar, *Lakshmi*, vaurauden Jumalatar, *Santana Lakshmi*, Jumalatar, joka antaa uuden elämän naisen sisälle (hedelmällisyyden Jumalatar) ja *Durga*, vahvuuden ja voiman Jumalatar. Aikoinaan miehet kunnioittivat naisia näiden ominaisuuksien ilmentyminä. Naista pidettiin Jumalattaren jatkeena, hänen ominaisuuksiensa edustajina maan päällä. Jossain vaiheessa vaikutusvaltaisten miesten itsekkyyden ja vallanhalun nimissä ja siksi, että he halusivat hallita kaikkia, tämä syvällinen totuus vääristyi ja poistettiin kulttuuristamme. Niinpä ihmiset unohtivat tai eivät enää välittäneet naisen ja Jumalallisen Äidin välisestä syvästä yhteydestä.

Yleisesti ajatellaan, että heikoin asema naisilla on islamilaisuudessa. Koraanissa puhutaan kuitenkin sellaisista ominaisuuksista kuin

Sri Mata Amritanandamayin pitämä puhe

myötätunto ja viisaus sekä Jumalan perusolemuksesta feminiinisinä.

Kristinuskossa Korkeinta Voimaa palvotaan yksinomaan Taivaallisena Isänä, Poikana ja Pyhänä Henkenä. Jumalan feminiinistä puolta ei ole laajemmin otettu huomioon. Kristus piti kuitenkin miehiä ja naisia tasa-arvoisina.

Nainen synnytti myös Kristuksen, Krishnan ja Buddhan. Syntyäkseen maan päälle Jumala tarvitsi naisen, joka kestäisi raskauden ja synnytyksen tuskan ja vaikeudet. Mies ei siihen luonnollisestikaan kyennyt. Kukaan ei silti pidä epäoikeudenmukaisena sitä, että miehet hallitsevat naisia. Yhdessäkään aidossa uskonnossa ei väheksytä naista tai puhuta hänestä halventavaan sävyyn.

Jumalan oivaltaneet henkilöt eivät näe eroa miehen ja naisen välillä. Heillä on tasapuolinen näkemys. Jos jossain päin maailmaa on sääntöjä, jotka estävät naisia nauttimasta heille kuuluvasta vapaudesta, sääntöjä, jotka estävät heidän kehityksensä yhteiskunnassa, ne eivät ole Jumalan käskyjä, vaan ovat syntyneet miesten itsekkyydestä.

Kumpi silmä on tärkeämpi, vasen vai oikea? Molemmat ovat yhtä tärkeitä. Sama koskee miesten ja naisten asemaa yhteiskunnassa. Molempien tulisi olla tietoisia ainutlaatuisesta vastuustaan, *dharmastaan*. Miesten ja naisten tulee tukea toisiaan. Vain siten voimme säilyttää harmonian maailmassa. Kun miehistä ja naisista tulee toisiaan täydentäviä ja he etenevät yhdessä, yhteistyötä tehden ja toisiaan kunnioittaen, he saavuttavat täydellisyyden.

Todellisuudessa mies on osa naista. Jokainen lapsi on ensin äidin kohdussa, osana häntä, hänen aivan omaa olemusta. Mitä lapsen syntymään tulee, miehen ainoa tehtävä on antaa siemenensä. Hänelle se on vain nautinnon hetki, naiselle se merkitsee yhdeksän kuukauden itsekuriharjoitusta. Nainen ottaa vastaan, tulee raskaaksi ja tekee uuden elämän osaksi itseään. Hän luo lapsen kasvulle kohdussaan mahdollisimman otolliset olosuhteet ja sitten synnyttää lapsen. Naiset ovat ensisijaisesti äitejä, elämän luojia. Kaikissa miehissä on sisäinen kaipaus kääriytyä uudestaan äidin epäitsekkääseen rakkauteen. Se on yksi niistä hienovaraisista syistä vetovoimaan, jota miehet tuntevat naisia kohtaan ja johtuu juuri siitä, koska mies on syntynyt naisesta.

Sri Mata Amritanandamayin pitämä puhe

Kukaan ei voi kiistää äitiyden todellisuutta, sitä että mies on luotu naisesta. Kuitenkin ne, jotka kieltäytyvät tulemasta ulos rajoittuneen mielensä vankilasta, eivät kykene koskaan ymmärtämään tätä. On mahdotonta selittää mitä valo on niille, jotka tuntevat vain pimeyden.

Äidillisyyden perusvoima on yhtä valtava ja voimakas kuin maailmankaikkeus. Äidillisyyden voima sisällään nainen voi vaikuttaa koko maailmaan.

Onko Jumala mies vai nainen? Vastaus kysymykseen on, että Jumala ei ole mies, eikä nainen, Jumala on "Se". Mutta jos välttämättä haluatte antaa Jumalalle sukupuolen, Jumala on pikemminkin naispuolinen kuin mies-puolinen, koska maskuliini sisältyy feminiiniin.

Kuka tahansa, - olipa hän mies tai nainen – jolla on rohkeutta voittaa mielen rajoitukset, voi saavuttaa universaalisen äidillisyyden tilan. Rakkaus, joka kumpuaa heräävästä äitiydestä, ei ole vain omaan lapseen kohdistuvaa rakkautta ja myötätuntoa, vaan se kohdistuu kaikkiin ihmisiin, eläimiin, kasveihin, kallioihin ja jokiin. Tämän kaltainen rakkaus laajenee koko luontoon, kaikkiin olentoihin. Kun naisen todellinen äidillisyys on herännyt, koko luomakunnasta tulee hänen lapsensa. Tällainen rakkaus, tällainen äidillisyys on jumalallista rakkautta; se on Jumala.

Yli puolet maailman väestöstä on naisia. Menetämme paljon, kun naisilta kielletään vapaus edetä ja kun heiltä kielletään heille kuuluva korkea asema yhteiskunnassa. Kun naisilta kielletään tämä, yhteiskunta menettää heidän mahdollisen panoksensa yhteiskunnan kehittämiseen.

Kun naisia väheksytään, heidän lapsistaankin tulee heikkoja. Näin koko sukupolvi menettää vahvuutensa ja elinvoimaisuutensa. Voimme luoda valon ja tietoisuuden maailman vasta kun naisille suodaan heidän ansaitsemansa kunnioitus.

Naiset pystyvät tekemään kaikkia töitä yhtä hyvin kuin miehet, ehkäpä jopa paremmin. Naisilla on tahdonvoimaa ja luovaa energiaa tehdä minkälaista työtä tahansa. Amma voi sanoa sen omasta kokemuksestaan. Olipa kysymys minkälaisesta toiminnasta tahansa, naiset voivat päästä huipulle ja tämä pätee erityisesti henkiseen tiehen. Naisilla on mielen puhtautta ja älyn kapasiteettia päästä huipulle, mutta mitä he sitten alkavatkin tehdä, alun tulisi olla positiivinen. Jos alku on hyvä, keskivaiheesta ja loppuvaiheesta tulee automaattisesti hyvä olettaen, että heillä on kärsivällisyyttä, uskoa ja rakkautta. Vääränlainen alku väärällä perustuksella on yksi niistä syistä, miksi naiset menettävät niin paljon elämässä. Ei ole kysymys yksistään siitä, että naisilla tulisi olla yhteiskunnassa sama asema kuin miehillä. Ongelmana on, että naisille annetaan elämässä huono alku, väärän ymmärryksen ja oikean tiedon puutteen takia. Niinpä naiset yrittävät päästä päämäärään ilman alun antamaa hyötyä.

Halutessamme oppia lukemaan roomalaisia aakkosia meidän on aloitettava ABC:stä, eikä XYZ:sta. Mikä on naisten ABC? Mikä on naisen olemuksen, hänen olemassaolonsa ydin? Sen muodostavat hänen synnynnäiset ominaisuutensa, äidillisyyden pääperiaatteet. Minkä alan nainen valitseekin työkseen, hänen ei tulisi unohtaa hyveitä, jotka Jumala eli luonto on hänelle armeliaasti suonut. Naisen tulisi suorittaa kaikki tehtävänsä näihin ominai-suuksiin lujasti juurtuneena. Niin kuin ABC on aakkosten alku, niin myös äidillisyyden ominaisuus on naisen peruspilari. Hänen ei tulisi poistaa tätä tärkeää osaa itsestään siirtyessään muille tasoille.

Universaalin äidillisyyden herääminen

Naisilla on monenlaista voimaa, jota miehiltä ei yleensä löydy. Naisilla on kyky jakautua moneen. Päinvastoin kuin miehet, naisilla on kyky tehdä monia asioita samaan aikaan. Vaikka naisten onkin jakauduttava ja tehtävä eri asioita yhtä aikaa, heillä on kyky suorittaa kaikki tehtävänsä kauniisti ja täydellisesti. Jopa äidin roolissaan nainen kykenee tuomaan esiin monia eri puolia olemuksestaan. Hänen on oltava lämmin ja hellä, vahva ja suojeleva sekä ankara kurittaja. Harvoin näemme miehissä tällaisten eri ominaisuuksien yhdistelmää. Siitä syystä naisilla on itse asiassa suurempi vastuu kuin miehillä. Naiset pitävät käsissään eheyden ja yhtenäisyyden ohjaksia sekä perheessä että yhteiskunnassa.

Miehen mieli samastuu helposti omiin ajatuksiinsa ja tekoihinsa. Maskuliinista energiaa voidaan verrata pysähtyneeseen veteen, se ei virtaa. Miehen mieli ja äly jäävät yleensä kiinni työhön, jota hän tekee. Miesten on vaikea suunnata mielensä yhdestä kohteesta toiseen. Sen vuoksi monilla miehillä työelämä ja perhe-elämä sekoittuvat keskenään. Useimmat miehet eivät kykene erottamaan näitä toisistaan. Naisilla sen sijaan on synnynnäinen kyky tehdä niin.

Sri Mata Amritanandamayin pitämä puhe

Miehillä on syvään juurtunut taipumus viedä "työminänsä" kotiin ja käyttäytyä sen mukaisesti ollessaan vaimonsa ja lastensa kanssa. Useimmat naiset sen sijaan tietävät, kuinka perhe-elämä ja työelämä pidetään erillään.

Feminiininen energia eli naisen energia on vuolasta kuin joki. Sen vuoksi naisen on helppo olla äiti, vaimo ja aviomiestään tukeva hyvä ystävä. Hänellä on erityinen lahja olla koko perheen opas ja neuvoja. Työssä käyvät naiset ovat erittäin kykeneviä menestymään myös työelämässä.

Naisen sisäisen äidillisyyden voima auttaa häntä löytämään itsestään syvällisen rauhan ja tasapainon tunteen. Sen vuoksi hän kykenee harkitsemaan ja reagoimaan samanaikaisesti, kun taas miehellä on taipumus harkita vähemmän ja reagoida enemmän. Nainen osaa kuunnella toisten ihmisten suruja ja vastata myötätuntoisesti, mutta silti haasteiden edessä hän kykenee nousemaan tilanteen tasalle ja reagoimaan yhtä voimakkaasti kuin mies.

Tämän päivän maailmassa kaikki on saastunutta ja kaikesta on tehty keinotekoista. Tässä ympäristössä naisen tulisi pitää erityisen hyvää huolta siitä, että hänen äidilliset ominaisuutensa, hänen perusolemuksensa naisena ei saastu ja vääristy.

Syvällä jokaisen naisen sisimmässä on mies ja jokaisen miehen sisimmässä nainen. Tämä totuus valkeni jo muinaisuudessa suurille pyhimyksille ja näkijöille heidän meditaatioissaan. Tätä totuutta symbolisoi hindu-uskonnossa *Ardhanariswara* (näkemys puoliksi miespuolisesta, puoliksi naispuolisesta Jumalasta). Olitpa sitten nainen tai mies, todellinen inhimillisyytesi tulee esiin vasta, kun sisälläsi olevat feminiiniset ja maskuliiniset ominaisuudet saavuttavat tasapainon.

Miehetkin ovat joutuneet kärsimään paljon feminiinisten ominaisuuksien pitkäaikaisesta puuttumisesta maailmassa. Heidän elämästään on tullut pirstoutunutta, usein tuskallista, koska he ovat sortaneet naisia ja joutuneet tukahduttamaan feminiinisen puolen itsessään. Myös heidän täytyy herättää feminiiniset ominaisuutensa. Heidän on kehi-tettävä eläytymiskykyä ja ymmärrystä asen-teessaan naisia kohtaa ja tavassaan, jolla he ovat yhteydessä maailmaan.

Tilastot osoittavat, että miehet – eivät naiset – tekevät selvästi eniten rikoksia ja murhia tässä maailmassa. On myös olemassa syvä yhteys sen

Sri Mata Amritanandamayin pitämä puhe

välillä, kuinka miehet tuhoavat Luonto Äitiä ja kuinka he kohtelevat naisia. Meidän tulisi suoda luonnolle yhtä tärkeä asema sydämissämme kuin omalla biologisella äidillämme on.

Vain rakkaus, myötätunto ja kärsivällisyys – naisten perusominaisuudet – voivat vähentää miesten synnynnäisesti aggressiivisia, yliak-tiivisia taipumuksia. Samoin on myös naisia, jotka tarvitsevat maskuliinisia ominaisuuksia, etteivät heidän hyvä ja lempeä luonteensa lamauta heitä.

Naiset ovat olemassaolomme voima ja itse sen perusta tässä maailmassa. Kun naiset kadottavat kosketuksensa todelliseen itseensä, maailmasta katoaa harmonia ja tilalle tulee tuho. Sen vuoksi on oleellisen tärkeää, että naiset eri puolilla maailmaa ponnistelevat löytääkseen uudestaan perusolemuksensa, sillä vain silloin voimme pelastaa tämän maailman.

Se mitä tämän päivän maailma todella tarvitsee, on miesten ja naisten yhteistyötä, joka perustuu syvään yhteyden tajuun perheessä ja yhteiskunnassa. Sodat ja konfliktit, kaikki kärsimys ja rauhan puuttuminen nykypäivän maailmasta vähenevät varmasti paljon, jos naiset ja miehet alkavat tehdä yhteistyötä ja tukea toisiaan. Ellei maskuliinisen ja feminiinisen, miehen ja naisen välille saada palautetuksi harmoniaa, jää rauha edelleen vain kaukaiseksi unelmaksi.

Maailmassa on kahdenlaista kieltä: älyn kieli ja sydämen kieli. Kylmän, rationaalisen älyn kieli riitelee ja hyökkää mielellään. Se on luonteeltaan aggressiivinen. Se on puhtaasti maskuliininen, rakkaudeton, vailla yhteyden tuntoa. Se sanoo: "Minä olen oikeassa ja sinä väärässä, mutta se ei vielä riitä, minun on todistettava se sinulle millä hinnalla hyvänsä, jotta antaisit periksi." Tämän kielen puhujille on tyypillistä, että he kontrolloivat muita ja tekevät heistä oman pillinsä mukaan tanssivia marionetteja. He yrittävät pakottaa toisia hyväksymään omat ajatuksensa. Heidän sydämensä on suljettu. Harvoin he ottavat huomioon kenenkään muiden tunteita. Heidän ainoa huomion kohteensa on heidän oma egonsa ja heidän ontto ajatuksensa voitosta.

Sydämen kieli, rakkauden kieli, joka yhdistetään feminiiniseen ominaisuuteen, on täysin erilainen. Tätä kieltä puhuvat eivät välitä omasta egostaan. Heitä ei kiinnosta todistaa, että ovat oikeassa ja joku muu on väärässä. He välittävät syvästi lähimmäisistään ja toivovat voivansa auttaa, tukea ja kohottaa toisia. Heidän seuras-

Sri Mata Amritanandamayin pitämä puhe

saan muutos yksinkertaisesti vain tapahtuu. He antavat kouriintuntuvaa toivoa ja valoa tässä maailmassa. Heitä lähestyvät ihmiset syntyvät uudestaan. Kun sellaiset ihmiset puhuvat, he eivät tee sitä luennoidakseen, tehdäkseen vaikutuksen muihin tai riidelläkseen. Heidän puheensa on todellista sydänten yhteyttä.

Todellisella rakkaudella ei ole mitään tekemistä himon tai itsekeskeisyyden kanssa. Todellisessa rakkaudessa *sinä* et ole tärkeä; toinen osapuoli on tärkeä. Rakkaudessa toinen ihminen ei ole välikappaleesi itsekkäiden toiveittesi täyttämiseksi. Olet Jumalan instrumentti ja tavoitteenasi on tehdä maailmassa hyvää. Rakkaus ei uhraa toisia, se antaa iloisesti itsestään. Rakkaus on epäitsekästä, mutta se ei ole sellaista naisten pakosta kestämää epäitsekkyyttä, kun heidät työnnetään taka-alalle ja heitä kohdellaan kuin esineitä. Todellisessa rakkaudessa et tunne olevasi arvoton, päinvastoin sinä laajenet ja sinusta tulee yhtä kaiken kanssa, olet kaiken kattava ja ikuisesti autuas

Valitettavasti tämän päivän maailmassa vallitsee älyn, ei sydämen kieli. Itsekkyys ja ahneus nautintoihin – ei rakkaus – hallitsevat maailmaa. Ahdasmieliset ihmiset vaikuttavat mieleltään heikompiin ihmisiin ja käyttävät heitä hyväkseen toteuttaakseen itsekkäitä päämääriään. Tietäjien ikiaikaisia opetuksia on vääristelty ja sovitettu ihmisten itsekkäiden halujen kapeisiin kehyksiin. Rakkauden käsitettä on vääristelty. Siitä syystä maailma on täynnä konflikteja, väkivaltaa ja sotia.

Nainen on ihmisrodun luoja. Hän on ensimmäinen Guru, ihmiskunnan ensim-mäinen opastaja ja opettaja. Ajatelkaa niitä valtavia voimia, myönteisiä ja kielteisiä, joita yhdestä ihmisestä lähtee maailmaan. Meillä kaikilla on kauaskantoinen vaikutus toisiin, olemmepa siitä tietoisia tai emme. Äidin vastuuta ei voida aliarvioida, kun on kysymyksessä hänen vaikutuksensa lapsiin ja heidän innostamisensa. Sanonnassa "jokaisen menestyvän miehen takana on voimakas nainen" on paljon totta. Nähdessänne onnel-lisia, rauhallisia ihmisiä, jaloja ja hyvä-luonteisia lapsia, miehiä, joilla on voimaa kohdata epäonnistumisia ja vastoinkäymisiä tai ihmisiä, joilla on ymmärtämystä, sääliä, rakkautta ja myötätuntoa kärsiviä kohtaan ja jotka antavat itsestään toisille, heidän taustallaan on tavallisesti vaikuttanut suurenmoinen äiti, joka on innostanut heitä tulemaan sellaisiksi mitä he ovat.

Äideillä on parhaimmat mahdollisuudet kylvää ihmisten mieliin rakkauden, universaalisen veljeyden ja kärsivällisyyden siemeniä. Äidin ja lapsen välillä on erityinen side. Äidin sisäiset ominaisuudet siirtyvät lapseen jopa rintaruokinnan kautta. Äiti ymmärtää lapsensa sydäntä. Hän vuodattaa rakkautensa lapseen, opettaa hänelle elämän positiivisia läksyjä ja korjaa hänen virheitään. Kävellessäsi niityn poikki sen pehmeällä vihreällä ruoholla muutamia kertoja, muo-dostuu siihen helposti polku. Samoin lapsiin kylvämämme hyvät ajatukset ja positiiviset arvot pysyvät heissä ikuisesti.

On helppo muokata lapsen luonnetta hänen ollessaan hyvin nuori. Se on paljon vaikeampaa, kun lapsi kasvaa.

Kerran Amman darshaniin Intiassa tuli eräs nuorukainen. Hän eli siinä osassa maata, jossa terrorismi oli tehnyt tuhojaan. Ihmiset olivat joutuneet kärsimään paljon tappojen ja ryöstöjen vuoksi. Nuorukainen kertoi Ammalle, että hän johti nuorisoryhmää, joka teki alueella hyväntekeväisyystyötä. Hän rukoili Ammaa: "Pyydän, anna terroristeille oikeaa ymmärrystä, sillä heidän mielensä on täynnä vihaa ja väkivaltaa. Täytä anteeksiantamuksen hengellä kaikkien niiden sydämet, jotka ovat joutuneet kohtaamaan julmuuksia ja kärsineet paljon. Muussa tapauksessa tilanne vain huononee, eikä väkivallalle näy loppua."

Amma ilahtui suuresti kuullessaan hänen rukouksensa rauhan ja anteeksiantamuksen puolesta. Amman kysyessä, miksi hän oli suuntautunut sosiaaliseen työhön, hän vastasi: "Äitini innoitti minua. Lapsuuteni oli synkeää ja kauheaa. Ollessani kuusivuotias näin omin silmin terroristien murhaavan raa'asti rauhaa rakastavan isäni. Elämäni pirstoutui. Mieli täynnä vihaa halusin kostaa, mutta äitini ansiosta asenteeni muuttui. Aina kun sanoin hänelle, että jonain päivänä kostaisin isäni kuoleman, hän vastasi: 'Poikani, jos tapat nuo ihmiset, palaako isäsi takaisin henkiin? Katso isoäitiäsi, kuinka surullinen hän on koko ajan. Katso minua, kuinka vaikeaa minun on saada rahani riittämään ilman isääsi. Katso myös itseäsi, kuinka surullinen sinä olet, kun et voi olla isäsi kanssa. Haluaisitko useampien äitien ja lasten kärsivän kuten me kärsimme? Heidän tuskansa olisi yhtä suuri kuin meidän. Yritä antaa isäsi surmaajille anteeksi heidän kauheat tekonsa ja levitä mieluummin rakkauden viestiä ja universaalisen veljeyden ajatusta.' Vartuttuani ihmiset yrittivät saada minua liittymään eri terroristijoukkoihin, jotta voisin kostaa isäni kuoleman. Äitini kylvämät anteeksiannon siemenet olivat kuitenkin kantaneet hedelmää ja kieltäydyin. Kerroin muillekin nuorukaisille äitini antaman neuvon. Se on muuttanut monien ihmisten sydämiä ja he ovat tulleet sen jälkeen mukaani palvelemaan toisia."

Vihan asemasta tämä poika halusi levittää maailmaan rakkautta ja myötätuntoa, jotka kumpusivat hänen äidissään olevasta rakkauden lähteestä.

Lapseensa vaikuttamalla äiti vaikuttaa maailman tulevaisuuteen. Nainen, joka on herättänyt sisäisen äidillisyytensä, tuo maan päälle taivaan, missä tahansa hän onkin. Vain naiset voivat luoda rauhallisen ja onnellisen maailman. Niinpä lapsen kehtoa keinuttava äiti pitää myös koholla lamppua, joka valaisee maailmaa.

Miesten ei pitäisi koskaan estää naisten etenemistä heille kuuluvaan asemaansa yhteiskunnassa. Heidän tulisi ymmärtää, että naisten kokonaisvaltainen panos yhteiskunnalle on ensiarvoisen tärkeä. Miesten tulisi siirtyä syrjään naisten tieltä tai oikeastaan heidän tulisi valmistaa heille tietä, tehdäkseen naisten etenemisen helpommaksi.

Naisten puolestaan tulisi ajatella, mitä he voivat antaa yhteiskunnalle, eikä niinkään mitä he voivat ottaa. Sellainen asenne auttaa varmasti etenemään. On korostettava, että naisen ei tarvitse saada eikä ottaa keneltäkään mitään. Hänen on vain herättävä. Sen jälkeen hän voi tarjota yhteiskunnalle mitä hän haluaa ja saa vastineeksi kaiken mitä tarvitsee.

Naisten olisi tultava esiin ja jaettava muiden kanssa mitä heillä on annettavaa, sen sijaan että ruostuvat keittiön neljän seinän sisällä. Siten he voivat saavuttaa elämänsä päämäärän. Tänä päivänä, kun kaikkialla on kilpailua ja vihaa, juuri naisten kärsivällisyys ja suvaitsevaisuus luovat edes sen vähäisen harmonian, mikä maailmassa on jäljellä. Samoin kuin sähköpiiri vaatii sekä positiivisen että negatiivisen navan, elämän virtaaminen kaikessa täyteydessään on riippuvainen sekä miesten että naisten osallistumisesta ja panoksesta. Vasta kun miehet ja naiset täydentävät ja tukevat toisiaan, puhkeavat he sisäisesti kukkaan.

Sri Mata Amritanandamayin pitämä puhe

Tämän päivän naiset elävät yleensä miesten miehille muokkaamassa maailmassa. Naiset eivät tarvitse sellaista maailmaa. Heidän tulisi tasapainottaa oma identiteettinsä ja uudistaa siten yhteiskuntaa. Heidän tulisi kuitenkin muistaa vapauden todellinen merkitys. Se ei suinkaan anna lupaa elää ja käyttäytyä miten huvittaa ottamatta huomioon, mitä seurauksia sillä on toisiin. Se ei tarkoita, että vaimojen ja äitien olisi paettava perhevelvollisuuksiaan. Naisen vapauden ja kohoamisen tulisi alkaa hänen sisältään. Hänen tulisi ensin tulla tietoiseksi heikoista puolistaan, jotta *shakti*, puhdas voima heräisi ja nousisi hänessä. Sen jälkeen hän voi tahdonvoimallaan, epäitsekkäällä palvelullaan ja henkisillä harjoituksillaan voittaa heikot ominaisuutensa.

Naisten ei tulisi koskaan menettää perusolemustaan yrittäessään saada takaisin oikeutettua asemaansa yhteiskunnassa. Tällainen suuntaus voidaan nähdä monissa maissa, eikä se koskaan auta naisia saavuttamaan todellista vapautta. Heidän on mahdotonta saavuttaa todellista vapautta matkimalla miehiä. Jos naiset kääntävät itse selkänsä feminiinisyyden periaatteille, kääntyy se naisten ja yhteiskunnan täydelliseksi tappioksi. Maailman ongelmat eivät sillä ratkea, vaan pahenevat. Epätasapaino maailmassa vain kasvaa, jos naiset hylkäävät naiselliset ominaisuutensa ja yrittävät tulla miesten kaltaisiksi kehittäen vain maskuliinisia ominaisuuksia. Sitä tämä aikakausi ei tarvitse. Sen sijaan on todella välttämätöntä, että naiset tuovat yhteiskuntaan oman panoksensa kehittämällä universaalista äidillisyyttään maskuliinisten ominaisuuksien lisäksi.

Niin kauan kuin naiset eivät ponnistele herätäkseen, he ovat tavallaan itse vastuussa oman suppean maailmansa luomisesta.

Mitä enemmän nainen samastuu sisäiseen äidillisyyteensä, sitä enemmän hän herää *shaktiin*, puhtaaseen voimaan. Kun naiset kehittävät itsessään tätä voimaa, maailma alkaa kuunnella heidän ääntään yhä enemmän.

Monet arvostetut yksilöt ja yritykset, kuten YK, tukevat naisten kehitystä. Tämä konferenssi antaa meille tilaisuuden rakentaa sille perustalle. Amma haluaisi esittää joitakin ehdotuksia:

1. Uskonnollisten johtajien tulisi tehdä kaikki voitavansa ohjatakseen seuraajansa takaisin hengellisyyden todelliseen ytimeen

ja tuomita siinä valossa kaikenlainen naisiin kohdistuva sorto ja väkivalta.

2. YK:n tulisi mennä sota-alueille ja yhteisöjen konfliktialueille, missä naiset ja lapset ovat erityisesti maalitauluina ja tarjota heille turvapaikkoja.

3. Kaikkien uskontojen ja kansojen tulisi tuomita sellaiset häpeälliset käytännöt kuin naispuolisten sikiöiden ja tyttövauvojen surmat sekä tyttöjen sukupuolielimien silpominen.

4. Lapsityövoima tulisi lakkauttaa.

5. Myötäjäisjärjestelmä tulisi poistaa.

6. YK:n ja kaikkien kansakuntien johtajien tulisi voimistaa ponnistuksiaan lopettaakseen lapsikaupan ja nuorten tyttöjen seksuaalisen hyväksikäytön. Sellaisten tekojen oikeudellisten seurauksien tulisi olla tehokkaita pelotteita.

7. Maailman eri puolilla tapahtuvien raiskausten määrä on pöyristyttävä. On käsittämätöntä, että joissakin maissa raiskauksen uhria rangaistaan. Voimmeko vain katsoa sivusta ja tarkkailla tätä? Meidän olisi työskenneltävä yhdessä kansainvälisellä tasolla ja kasvatettava nuoria miehiä sillä tavoit-

teella, että raiskauksiin ja muihin naisiin kohdistuviin väkivallantekoihin tulee loppu.
8. Mainokset, joissa naisia kohdellaan seksiobjekteina, loukkaavat heidän ihmisarvoaan. Meidän ei tulisi suvaita tätä hyväksikäyttöä.
9. Uskonnollisten johtajien tulisi kannustaa seuraajiaan tekemään epäitsekkäästä palvelutyöstä osan elämäänsä.

Äidillisyys ei ole rajoittunut naisiin, jotka ovat synnyttäneet. Äidillisyys on sekä miehissä että naisissa oleva synnynnäinen perusvoima. Se on mielen asenne. Se on rakkautta ja rakkaus on itse elämän henkäys. Kukaan ei sanoisi: "Hengitän vain, kun olen perheeni ja ystävieni parissa, en hengitä vihollisteni edessä." Samoin heille, joissa äidillisyys on herännyt, on kaikkia kohtaan suuntautuva rakkaus ja myötätunto yhtä luonnollista kuin hengittäminen.

Amman mielestä tuleva aikakausi pitäisi omistaa äidillisyyden parantavan voiman herättämiselle. Vain siten rauhan ja harmonian unelmamme voivat toteutua. Se on mahdollista! Se riippuu yksinomaan meistä. Muistakaamme tämä ja kulkekaamme eteenpäin.

Amma haluaisi kiittää kaikkia niitä, jotka ovat olleet mukana järjestämässä tätä kokousta. Amma kunnioittaa syvästi ponnistuksianne tuoda maailmaan rauhaa. Kantakoot rauhan siemenet, joita olemme tänään istuttamassa, hedelmää kaikille.

Om Namah Shivaya

www.ingramcontent.com/pod-product-compliance
Lightning Source LLC
Chambersburg PA
CBHW070634050426
42450CB00011B/3190